U0942493

不要憂慮說，吃甚麼？喝甚麼？穿甚麼？……你們需用的這一切東西，你們的天父是知道的。你們要先求祂的國……這些東西都要加給你們了。

馬太福音六章31～33節

靈修著作精選

盧雲系列

新造的人

——屬靈人的印記

Making All Things New

An Invitation to the Spiritual Life

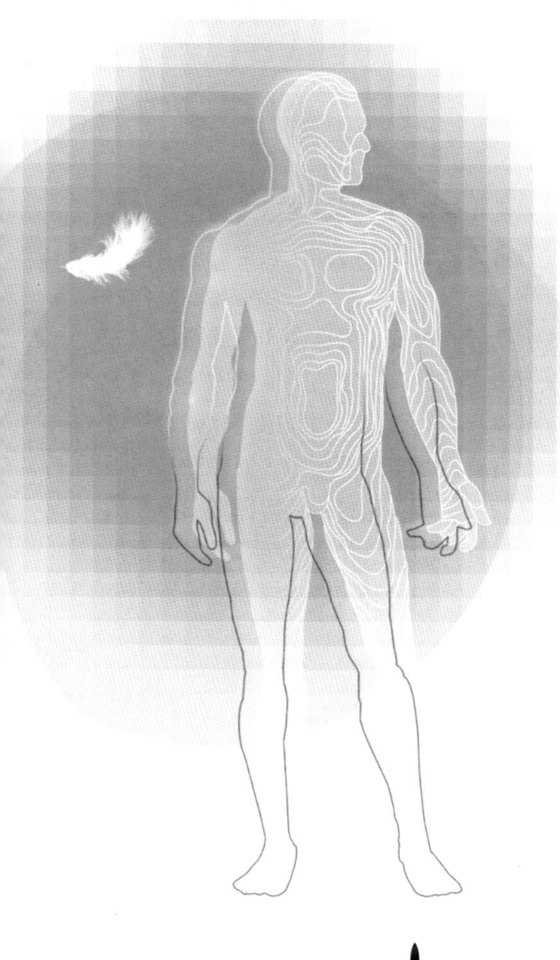

基道出版社

▼

靈修著作精選•盧雲系列

新造的人

屬靈人的印記

Making All Things New
An Invitation to the Spiritual Life

原著
盧雲 Henri J.M. Nouwen

譯者
莊柔玉

執行編輯
郭詠儀

裝幀設計
石依恒

■

出版／發行
基道出版社
香港沙田火炭坳背灣街26號富騰工業中心1011室
LOGOS PUBLISHERS
Unit 1011, Fo Tan Ind. Centre, 26 Au Pui Wan St., Shatin, Hong Kong
電話：(852) 2687-0331 傳真：(852) 2687-0281
網址：http://www.logos.com.hk

承印
陽光印刷製本廠

●

8/1992初版 8/1993二版
2/1997三版 12/2000四版 4/2004五版
Cat. No. LP719-5A
ISBN-10: 962-457-040-X
ISBN-13: 978-962-457-040-3
Original Edition "Making All Things New"
Published by Harper & Row Publishers, Inc.

Printed in Hong Kong

刷次	12	11	10	9	8	7	6	5	4
年份	2022	2021	2020	2019	2018	2017			

目錄

盧雲系列

鳴謝

過往數年，不同的朋友問我：「你所指的屬靈生命是甚麼呢？」每遇這種情景，我總渴望有本簡單的小册子，作爲回應的開始。雖然談及屬靈生命的好書多不勝數，我還是覺得欠缺了一本只需花數小時閱讀、旣解釋了何謂屬靈生命、又刺激我們活出屬靈生命的小書。這種感覺驅使我寫成這書。書中不少意念並不嶄新，我和其他人都曾表達過；但我希望也祈求本書的編排和表達方式，能幫助那些對生命感到「充塞卻不充實」的朋友。

我衷心多謝聖母苦難修女會（the Passionist Sisters of Our Lady of Calvary）的熱誠款待，讓我在康涅狄格州（Connecticut）的范明頓（Farmington）有安靜的環境，從事寫作。我也感謝趙普（John Shopp）和他在哈潑（Harper & Row）的同事給我意見和支持。亦感激莫嘉革（John Mogabgab）、摩爾（Robert Moore）和賴文波（Wil Rikmanspoel）的幫助，使稿件可以付印。我也要特別多謝許多耶魯大學神學院（Yale Divinity School）的學生，他們就本書的初稿作了不少有洞見的批評，使我重寫了本書的很多部分。最後，我要鳴謝莫理斯（Henry Morris），本書的書名正是他建議的。我希望所有曾參與本書出版工作的人，都感到這是一項有意義的事奉。

引言

在這書我希望探討何謂屬靈生命和怎樣把它活出來。在緊張忙碌、難以安寧的生活中，我們有時會問：「我們眞正的天職是甚麼呢？」「如何可享有平靜的心境，去聆聽神的呼喚？」「誰能引導我們走出思想、感情和感覺的迷宮？」這些和許多類同的問題一方面表達了我們對活出屬靈生命深切的渴望；另一方面，也顯示了我們對屬靈生命的眞義和實踐抱有很大的疑惑。

首先，這書是寫給所有不斷想更深進入屬靈生命而又對應走的方向感到疑惑的人。他們「認識」基督的故事，亦深深渴望這份認識可從頭腦進入心靈層面。他們隱約感到這種「心靈的認知」不僅能使他們認淸自己的身分，而且可使舊事過去，一切成新。不過，這些人往往猶豫及恐懼踏上這條模糊的道路，也會不時質問自己有否自我欺騙。我希望這本小書可給予這些人士一點鼓舞和方向。

此外，這書也間接寫給那些對基督教故事感到陌生和奇怪，卻又渴望得到精神自由的人。我希望寫給基督徒的東西同時能給予其他尋找精神依歸的人生命的交流和啓迪。這書的對象遍及那些對生命各色各樣問題保持開放態度的人，只有這樣，本書才是一本眞正的基督教書籍；因爲眞正的屬靈生命植根於人類的處境——這是基督徒和非基督徒共通的。

我就以耶穌的說話：「不要憂慮」作結。憂慮已成爲我們日常生活的一部分和包袱；沒有憂慮的生命不單顯得不可能，甚至是不吸引的。我們往往疑慮：無拘無束的生活是不切實際和——甚至更差的想法——非常危險的。憂慮逼使我們努力工作，爲將來作好準備，以預防即將來臨的危機。然而耶穌說：「不要憂慮說，吃甚麼？喝甚麼？穿甚麼？……你們需用的這一切東西，你們的天父是知道的。你們要先求祂的國……這些東西都要加給你們了。」耶穌透過這個激進而又「不切實際」的勵勉，揭示了沒有憂慮的生命的可能性——一個使一切事情皆變成新的生命。由於本書寫的是聖靈把我們重新創造成爲眞正的自由人，所以我把它命名爲《新造的人》。

本書分爲三部分。在第一部分，我想跟大家討論憂慮對我們日常生活破壞性的影響。在第二部分，我想指出耶穌如何回應令我們極爲苦惱的憂慮；透過賜給我們新生命，聖靈使一切更新。最後，在第三部分，我想帶出一些特別的操練，這些操練使憂慮在我們身上的控制逐漸消失，以致聖靈可以不斷進行更新的工作。

這些東西

引言

屬靈生命不是前世的生命，也不是來生的生命，亦不是遠離現實的生命。它正正在今生；只有在今生的痛苦和喜樂中，人才能眞正體驗屬靈生命的眞諦。因此我們要開始細心觀察自己的思想、說話、感受和行爲——日復日、年復年、分分秒秒——從而充分洞悉對聖靈的渴慕。否則，我們雖然對現時的生活狀況感到不滿，卻不深刻，對究竟爲何不滿，往往模糊不清，對「屬靈事物」的渴望，也是含混籠統，以致整個人的生命依然徘徊在一片朦朦朧朧的憂鬱中，停滯不前。我們常說：「我不快樂。我不滿意現在的生活狀況。我內心沒有眞正的喜樂和平安，卻不知如何改變現狀，我還是現實一點，接受生命就是這樣的吧。」就是這種退避的態度，使我們不能積極追求屬靈的生命。

因此，首要任務，就是先排除上述那種模糊含混的感覺，以批判的眼光檢視自己的生命。這需要誠實、勇氣和信任。我們必須在種種自我欺騙的遊戲中，一方面脫下面具，誠實和勇敢地面對自己，而另一方面則要堅信，這份誠實和勇氣最終帶來的不是失望痛苦，而是新天新地的境界。

跟耶穌基督時代的人相比，我們這羣「現代」人更可稱爲憂慮人。現代人的憂慮有何特色？我透過檢視自己及身邊的人的生命，得出這樣的結論，可以兩詞描述出來：「充塞」、「不充實」。

充塞

我們日常生活其中一個最明顯的特色就是忙碌。每天的經歷就是一連串要做的事情：與人會面、完成計劃、寫信、打電話、赴約會。生活就如擠得接縫爆裂的行李箱一樣。我們差不多無時無刻不提醒自己，我們未能按計劃行事。這種趕不上原定計劃的感覺在我們耳邊喋喋不休，提醒我們還有未完成的任務、未履行的諾言、未兌現的計劃。經常有一些事情我們應該做，卻沒有把它們記下、做完和說出來。經常有一些人我們沒有跟他們交談、通信和拜候。因此，我們雖然忙碌，內心始終縈繞着一種永遠沒有眞正完成責任的感覺。

奇怪的是，我們很難不忙碌。忙碌已成爲一種地位的象徵。人人都期望我們忙碌，期望我們的腦海塞滿了大小事情。朋友常恭維我們：「我猜你還是如常的忙碌吧。」他們的說話再次肯定了忙碌的價值，而那些不知在將來有甚麼可做的人，才令朋友憂心。忙碌經常等同重要。不少電話的開場白是這樣的：「我知你很忙，但可否抽出一分鐘？」暗示大忙人的一分鐘猶勝悠閒人的一小時。

在我們這個生產主導的社會，忙碌、擁有職業已成爲辨認自己身分的其中一條主要的（如果不是**惟一**的）途徑。沒有職業，不單我們的生計不保，就是我們的身分，也受質疑。這解釋了爲甚麼那麼多人對退休充滿恐慌。如果沒有了職業，我們的身分如何界定？

比職業更捆綁人的，卻是我們精神上的枷鎖——盤踞我們腦海的種種意念和假設。它們**一早**便佔據了我們的時間和空間。它們其實就是憂慮。憂慮出現在一顆充滿「如果」的腦袋。我們對自己說：「如果我染上感冒，怎好？如果我失業，怎算？如果孩子不準時回家，怎辦？如果明天食物不夠，怎搞？如果我被襲擊，怎應付？如果戰爭爆發，怎處理？如果世界到了末日，怎面對？如果……怎……？」這些假設使我們的腦袋充滿焦慮，使我們常常擔心萬一將來有事發生，要做些甚麼和說些甚麼才好。我們很大部分（如果不是絕大部分）的痛苦都是跟這些假設有關的。轉工、家庭糾紛、疾病、災難、核子毀滅的陰影使我們焦急、惶恐、疑慮、貪婪、緊張、憂鬱，使我們的內心不能享有眞正的自由。由於我們常爲將來的事情憂慮和籌算，我們甚少全然信任現在的時刻。很多人類的精力就投資在這些叫人恐慌的假設上，這是一點也沒有誇大的事實。我們個人和羣體的生活實在太受這些爲明天憂慮的假設牽制，以致不能經歷今天的時刻。

我們的社會不單積極鼓勵我們爲職業忙碌，也大力鼓勵我們爲將來憂慮。報紙、收音機和電視報道新聞的方式往往營造了一種無時無刻也緊急萬分的氣氛。記者緊張激動的聲音，集中報道令人毛骨悚然的意外、殘酷的罪行、墮落的行爲……這些本地和外國種種無日無之的苦難，使我們漸漸受一種人類快要毀滅的感覺籠罩，無孔不入。在這些壞消息之上，還有滔滔不絕的廣告。這些廣告從不間歇地强調，如果我們不讀這本書、不看這部電影、不聽這個講者說話，或不買這種新產品，我們便錯失寶貴的良機，錯過重要的事情。這無疑加深我們的不安，在我們現存許多假設上加添無數不必要的假設。我們的社會似乎變得依賴這些人爲的憂慮而存在。假如我們不再憂慮，社會將變成怎個模樣？假如我們不再講求娛樂、旅遊、購物和保護自己，社會還會繼續運作，像今天一樣嗎？悲劇在於我們皆陷入了無窮無盡虛假期望和虛假需要的網羅。職業和憂慮把我們外在和內在的生命全然佔據，沒有剩下絲毫空間，讓聖靈在我們身上吹氣，更新我們的生命。

不充實

在我們充滿憂慮的生命中，有些東西正蠢蠢欲動。當我們那充塞的腦袋和心靈，躊躇着怎樣去符合別人和自己的要求時，往往有一種强烈的不滿足、不充實的感覺。當我們忙碌地做着和擔憂着林林總總的東西時，甚少眞正感到滿足、平安和舒泰。一種不充實的感覺苦纏着我們充塞的生命。透過更深一點的反省，我發現這種不充實的感覺，可表現爲不同的情緒，最顯著的是沈悶、憤恨和抑鬱。

沈悶是一種對零碎、無意義的事情產生的情緒。當我們忙碌地做着許多事情的時候，不免會質疑所做的一切是否重要。生命就像一連串無規律、無關係的活動和事件，非我們所能控制。沈悶不是指沒有甚麼事情可做，而是質疑所做的是否有價值。這個時代一大諷刺就是很多人同時感到忙碌和沈悶。當我們從一項活動轉到另一項時，心靈深處卻懷疑這是否帶來改變。當我們嘗試努力完成許多事務和責任時，也不肯定這跟我們坐着不幹有何分別。當其他人不斷在各方面對我們施加壓力的時候，我們不禁懷疑是否有人眞正關心我們。總而言之，當生活十分充塞時，我們卻感到十分不充實。

沈悶往往跟憤恨結下不解緣。當我們一方面忙個不休，另一方面質疑如斯忙碌是否對任何人產生意義時，很容易會感到被利用、控制和剝削。我們開始感到自己是受害者，受人擺布做着各種事情，卻沒有眞正被當作人看待。然後，內心的憤怒開始增加，隨着歲月成形，令我們經常煩躁不安，由火辣辣的憤怒轉化爲冷冰冰的憤怒。這種「冰封」的惱怒對整個社會皆有不良的影響。

我們那份不充實感最不健康的表現，卻是抑鬱。當我們開始感到自己的存在對人並不重要，甚至別人更喜歡我們不存在時，便很容易被一種強烈的罪咎感包圍。這份罪咎感並不是由任何特定的行動導致，而是跟生命本身有關的。單是活着已叫我們感到內疚。我們發現如果沒有汽水、除臭劑、核子潛艇等物體，世界就美好一點；然而，我們每天的工作正是忙於生產這類東西。我們不禁絕望地問：「我的生命有價值嗎？」因此，我們不難明白爲何一些成就顯赫、備受讚賞的人，竟然感到生命不充實，甚至走向自殺之途。

沈悶、憤恨、抑鬱都是對零碎、無意義的生活作出的情緒反應。這些情緒使我們覺得生命是不連貫的，對生命難以有歸屬感。在人際關係中，不連貫的生命使我們感到孤單寂寞，感到或許身邊有許多人，自己卻是孤立的個體，而不是互相支持、互相愛護的羣體的一分子。孤單無疑是現代人最普遍的疾病，影響範圍不限於我們的退休生活，還遍及家庭生活、鄰舍生活、學校生活、商業社會；孤單不獨折磨着上了年紀的人，也令兒童、青少年和成年人苦惱不已；孤單不單入侵監獄，而且滲透私人住宅、寫字樓大廈、醫院。城市的街道上愈來愈少人打招呼問安，更反映孤單已無孔不入。在一大片孤單的氛圍中，很多人吶喊：「有沒有眞正關心我的人？有沒有人可以解開我心中的孤單？有沒有人可賜給我家一般的溫暖？」

正是這種與其他人隔絕的感覺成爲人類無數痛苦的核心。如果我們知道苦難是人生在世的一部分，是有意義的，自然能承擔很多肉體甚或心靈上的痛苦。但是，當我們感到自己不再是人類大家庭的成員時，很快便會沮喪。如果苦難和掙扎可把我們與其他人連結起來，共同爲整體人類美好的將來奮鬬，我們是頗樂意接受艱苦的任務的。但是，當我們認爲自己只是人類歷史上被動的旁觀者，對生命毫無貢獻時，痛苦再沒有意義，掙扎再不能帶來生機，因爲知道生命會隨我們的死亡逝去，最終亦歸於無有。有時候，我們只能說近來惟一記起的是我們很忙、很多事情等着要做，我們很難把它們全都做完。我們連曾經做過**甚麼**也記不起，顯示我們的處境多麼疏離。過去不再把我們帶到將來；它只留下憂慮給我們，從沒有保證所做的事是重要和有意義的。

我們企圖擺脫這種人類孤立狀態的渴望，愈來愈强，甚至以暴力的方式出現。我們極度渴求從朋友、愛人或重要羣體中得到親密關係，於是遇有任何能給予我們即時滿足感、舒緩我們緊張的情緒或使我們有短暫的合一感覺的人，便緊緊抓着，甚至死抓不放。於是人類彼此的需要淪落成一種殺傷力很强的野心佔有，帶來無盡的傷害，徒然增加我們的孤獨感。

結語

我希望上述反省使我們對耶穌基督所指的**憂慮**有更確切的認識。今天，憂慮就是指我們受許多事物佔據了我們的時間和空間，而又同時感到沈悶、憤恨、抑鬱和孤單。我不是說每一個人每時每刻都憂慮到這樣極端的地步，而是認爲在某時某刻在某程度上，這種對生活感到充塞卻不充實的感覺，往往潛入絕大部分人的心靈。在這個科技高度發展和競爭劇烈的世界，我們很難完全抗拒那些充塞我們內在和外在世界的力量，以致我們遠離內心世界的眞我、其他人和神。

憂慮一個最顯著的特色，是把生活化整爲零，一切要做、要想、要計劃的東西；所有要記着、要探訪、要交談的人；無數要攻擊或維護的目標；一併把我們撕開，使我們變得失去重心。憂慮使我們

「無處不到」，卻甚少在家。現代人的屬靈危機可這樣表達出來：我們大部分人都有地址，卻不能根據這個地址找到我們。我們雖然知道自己屬於某個地方，卻被扯向四方八面，猶如無家可歸的人一樣。「這些東西」不斷奪取我們的注意，使我們遠離自己的棲身之所，迷失了自己。

耶穌明白我們這種充塞卻不充實的處境——非常忙碌卻流於瑣碎無意義、無處不到卻永不在家。祂想把我們帶回屬於自己的地方，活出屬靈的生命。然而只有當我們願意坦白承認自己無家可歸、充滿憂慮、受着零碎和無意義的生活折磨時，我們才能聽到耶穌的呼喚。只有這樣我們才會渴求眞正的家。當耶穌說：「不要憂慮……你們要先求祂的國……這些東西都要加給你們了」的時候，正是針對着我們這個渴求。

祂的國

引言

耶穌面對我們那種充滿憂慮的生活方式，並沒有叫我們不應爲世事忙碌。祂沒有把我們從種種敎我們忙得不可開交的事件、活動和羣體中抽出來。祂沒有告訴我們所有工作都是毫不重要、毫無價值和毫無用處的。祂也沒有建議我們拋開一切事務，去過平靜安定、與世無爭的生活。

耶穌的回應卻不是這樣。祂叫我們將生活的重心轉移，重排生活的優先次序。耶穌希望我們從「這些東西」轉向「一項重要的事情」。我們必須知道耶穌並非要求我們離開多元化的世界；相反地，祂希望我們投身各色各樣的事情時，抓緊那個重心。耶穌沒有要求我們減少參與各項活動、轉換與人接觸的方式或甚至調較生活的步伐。祂着眼於心靈的更新。正是心靈的更新使一切事情截然不同；雖然表面上分別不大。這就是「你們要先求祂的國……這些東西都要加給你們了」的眞義了。問題在於我們的心在哪裏。憂慮籠罩我們時，正正是我們的心放錯了位置。耶穌叫我們把心放在那個重心上，讓其他東西回復本位。

這個重心是甚麼呢？耶穌稱它爲神的國——祂父親的國。處身二十世紀，王國的觀念對我們並沒有多大的意義。國王和王國對我們的日常生活並不重要。只有當我們明白耶穌的說話其實是迫切地呼喚我們以屬靈的生命作爲生活最重要的層次時，才可眞正了解其中的關鍵。把心放在天父的國度上等於把心放在屬靈生命上。因此，把心放在神的國上等於使屬靈生命成爲我們思想、說話和行爲的重心。

現在我想跟大家更深入探討屬靈生命究竟是怎麼一回事。首先，我們必須從耶穌自己的生命，看看神的靈怎樣彰顯自己。然後找出何謂受耶穌呼召，與祂一同進入屬靈的生命。

耶穌的生命

毫無疑問，耶穌的生活非常忙碌。祂忙於教導門徒、向羣衆傳道、醫病、趕鬼、答辯敵人和朋友的疑難、奔走各地。耶穌參與無數的活動，以致祂很難有個人獨處的時間。以下的故事正好把耶穌忙碌景象呈現出來：「有人帶着一切害病的，和被鬼附的，來到耶穌跟前。合城的人都聚集在門前。耶穌治好了許多害各樣病的人，又趕出許多鬼……次日早晨，天未亮的時候，耶穌起來，到曠野地方去，在那裏禱告。西門和同伴追了祂去，遇見了就對祂說：『衆人都找祢。』耶穌對他們說：『我們可以往別處去，到鄰近的鄉村，我也好在那裏傳道，因爲我是爲這事出來的。』於是在加利利全地，進了會堂，傳道趕鬼。」（可一32～39）

我們清楚地看見耶穌的生命十分充塞，甚少有個人獨處的時間。祂甚至好像狂熱分子一樣，不惜付出任何代價，均要傳播自己的信息。然而，眞相並非如此。當我們更深入研究福音書中有關耶穌的記載時，便會發現祂並不是一個爲求達到自己的目標而完成多項不同工作的狂熱分子。相反地，我們所見的耶穌，只關注一項事情：遵行祂父親的旨意。福音書最感人的地方，正是耶穌專一地服從祂父親的旨意。由紀錄中耶穌最先在殿裏的說話：「豈不知我應當以我父的事爲念麼」（路二49），到祂在十架上最後的說話：「父啊！我將我的靈魂交在祢手裏」（路二十三46），耶穌惟一關注的，只是遵行父神的旨意。祂說：「子憑着自己不能作甚麼，惟有看見父所作的，子才能作。」（約五19）耶穌所作的一切，都是父神差遣祂做的；祂說的一切話，也是父神賜下的。祂對此從不懷疑：「我若不行我父的事，你們就不必信我……」（約十37）「你們所聽見的道不是我的，乃是差我來之父的道。」（約十四24）

耶穌是我們的救主，不僅是由於祂對我們說和作的一切，更重要的，是由於祂說的、作的都是依從父神的旨意。這解釋了爲何保羅可以這樣說：「因一人的悖逆，衆人成爲罪人；照樣，因一人的順從，衆人也成爲義了。」（羅五19）耶穌的生命是順服的生命，祂生命的重心就是對父神的順從。這可能叫我們難以理解，因爲**順從**在現代社會是貶意詞，使我們想起一些强行將自己的意願加諸我們身上的權威人物，或記起某些不愉快的童年事件、受刑罰恫嚇下勉强完成的任務。但這些均與耶穌的順從扯不上關係。祂的順從是指對祂所愛的父親一種絕對、無懼的聽從，而在父與子中間只有愛。父把一切屬於自己的都交付子（路十22），而子把得到的一切交回給父。父對子完全開放，把一切放在其手裏，包括一切知識（約十二50）、一切榮耀（約八54）、一切權能（約五19～21）。子也對父神完全開放，把一切交回父手裏：「我從父出來，到了世界；我又離開世界，往父那裏去。」（約十

六28）

父與子之間無窮無盡、永不止息的愛包含而又超越了我們所知的各種愛情。它包含了父母之愛、兄弟姊妹之愛、夫婦之愛、師友之愛。然而，它又遠超過這許許多多人世間有限的愛情經驗。它是一種關懷備至卻要求很高的愛。它是一種充滿支持卻非常嚴厲的愛。它是一種溫柔卻强烈的愛。它是一種給予生命卻接受死亡的愛。在這種神聖的愛下，耶穌被差遣到世上；爲了這神聖的愛，耶穌在十字架上犧牲自己。這種無所不包、至情至性的愛，這份彰顯了父子關係的愛，其實跟父與子一樣，是一個神聖的位格。祂也有個別的名稱——聖靈。父愛子，把自己一切都傾盡給子。子爲父所愛，把一切也交回給父。聖靈本身就是愛，永遠包圍着父與子。

這份永恆的、合而爲一的愛正是耶穌屬靈生命的中心和源頭。耶穌的屬靈生命正是在聖靈的愛中對父神永遠專注的生命。耶穌的事奉就是從這樣的生命開展出來的。耶穌進食和禁食、祈禱和行動、奔走和休息、傳道和教導、趕鬼和醫病……都離不開聖靈的愛。我們永不能完全明白耶穌多元化事奉的意義，除非我們看到所有事奉的脈絡：在親密的、完全的愛中聽從父神的旨意。因此，我們可以明白耶穌事奉的最終目標，正正是要把我們帶到這個最親密的、合而爲一的愛去。

我們的生命

我們的生命本應跟耶穌的類似。耶穌事奉的最終目的就是要把我們帶進父神的家裏去。耶穌來，不單爲了使我們從罪和死亡的轄制中釋放出來，而且要把我們帶進與祂神聖的生命合而爲一的親密境界。我們很難想像這是甚麼意思。我們往往强調耶穌跟我們的分別，把耶穌看成全知及全能的聖子，而自己則是有罪的、輭弱的凡夫俗子，於是認爲耶穌是不可親近的。這種想法未免忽略了一件重要事實：耶穌來是要把祂自己的生命賜給我們。祂來是要把我們提升到與父神的愛合而爲一的境界。只有當我們認識到耶穌事奉的核心時，才能了解屬靈生命的眞義。一切屬於耶穌的同樣賜給我們。耶穌所做的一切，我們都可以做。耶穌從沒有視我們爲二等公民，也從沒有隱瞞甚麼不告訴我們：「我從我父所聽見的，已經都告訴你們了」（約十五15）；「我所作的事，信我的人也要作」（約十四12）。耶穌希望我們跟祂同在一處，祂那祭司的禱告把這個希望表露無遺：「使他們都合而爲一。正如祢父在我裏面，我在祢裏面，使他們也在我們裏面……祢所賜給我的榮耀，我已賜給他們，使他們合而爲一，像我們合而爲一。我在他們裏面，祢在我裏面，使他們完完全全的合而爲一，叫世人知道……祢愛他們如同愛我一樣。父啊，我在哪裏，願祢所賜給我的人，也同我在那裏，叫他們看見祢所賜給我的榮耀……我已將祢的名指示他們，還要指示他們，使祢所愛我的愛在他們裏面，我也在他們裏面。」（約十七21～26）

這段說話把耶穌事奉的本質巧妙地表達出來。祂要像我們，目的是使我們可以像祂。祂從不強調自己與神同等，而是倒空自己，變成我們的模樣，以致我們可以像祂，分享祂神聖的生命。

惟有聖靈的工作，才可徹底改變我們的生命。

門徒很難明白耶穌說這話的意思。一日耶穌在肉體上與他們在一起，他們便很難明白所謂耶穌在聖靈裏的意思。這解釋了爲何耶穌說：「我去是與你們有益的；我若不去，保惠師（聖靈）就不到你們這裏來；我若去，就差祂來……只等眞理的聖靈來了，祂要引導你們明白一切的眞理；因爲祂不是憑自己說的，乃是把祂所聽見的都說出來，並要把將來的事告訴你們。祂要榮耀我，因爲祂要將受於我的告訴你們。凡父所有的，都是我的；所以我說，祂要將受於我的告訴你們。」（約十六 7、13～15）

耶穌差遣聖靈來，帶領我們進入神聖生命的完全眞理。**眞理**不是指一個思想、一個概念或一條教義，而是指一段眞正的關係。帶領我們進入眞理就是帶領我們進入一段嶄新的關係，這關係跟耶穌與父神之間的關係一樣；這就是進入一個神聖的聯合。

因此，五旬節是耶穌完成使命的日子。耶穌事奉的果效在五旬節充分顯露出來。當聖靈降臨和居住在門徒身上時，他們的生命就改變成爲像基督一樣的生命，這生命是由聖父與聖子之間的愛所孕育出來的。屬靈生命把我們提升，使我們成爲神偉大而神聖生命的一部分。

不過，成爲聖父、聖子和聖靈那偉大神聖生命的一部分不等於我們便脫離現今的世界。相反地，那些進入屬靈生命的人正是被神差遣到世上去延續和完成耶穌使命的一羣。屬靈生命不僅沒有把我們抽離世界，反之，讓我們更深進入其中。耶穌對父神說：「祢怎樣差我到世上，我也照樣差他們到世上。」（約十七18）耶穌淸楚指出由於門徒不再屬於世界，他們可以像祂一樣的生活：「我不求祢叫他們離開世界，只求祢保守他們脫離那惡者。他們不屬世界，正如我不屬世界一樣。」（約十七15～16）在耶穌的靈裏的生命就是把基督在世上的生命——道成肉身、死亡、復活——活出來。這生命是由那些效法耶穌的榜樣，順從父神的旨意的人活出來的。我們透過聖子耶穌而成爲神的兒女，延續耶穌在世的使命。

「在世而不屬世」正好總結了耶穌對屬靈生命的看法。聖靈之愛使我們完全轉化，而表面上一切保持不變。要活出屬靈生命不是說我們要離開家庭、放棄職業、改變工作方式；也不是要我們遠離社會或政治活動，對文學和藝術失去興趣；亦不需要我們過嚴格自律的修道生活或進行長時間的禱告。這些改變有可能由屬靈生命帶來，特別對一些人來說，急進的決定有時是必須的。然而，屬靈生命可以千百種方式活出來。關鍵在於我們把心力從世界上各種事情轉移到神的國度去。關鍵在於我們不再受世界的種種催逼轄制，把心思意念放在惟一重要的事情上。關鍵是我們不再爲各色各樣的人與事憂慮，而開始經歷神在這些事情上不同形式的參與，知道祂的同在。

要過屬靈生活，必須有心靈的改變、轉向，或是驟變，或者是長時間逐漸轉化，總之，都會在內心經歷合一的感覺。我們知道自己是生命的中心，我們所看到在這中心的一切改變，可理解爲屬神生命的奧祕的一部分。我們的矛盾和痛苦、責任與承諾、家庭及朋友、活動和計劃、希望與夢想再不是林林總總教人疲倦不堪、不勝負荷的壓力。相反地，它們正好從各方面印證和顯示聖靈賜給我們的新生命。從前充塞和困擾我們的「這些東西」，如今成爲神給我們的禮物和挑戰，强化和深化我們所發現的新生命。這不表示屬靈生命可挪走我們的掙扎和痛苦，使我們更易生活。耶穌門徒的生活清楚顯示痛苦不會因生命轉化了而減少。有時甚至較以前有增無減。但我們不再把目光放在「多與少」的問題。要注意的是聖靈的說話，然後順從帶領，不管是去快樂園地，還是痛苦之處。

貧窮、掙扎、肉體和心靈的痛苦，甚至是內心的黑暗可能繼續是我們經驗的一部分。它們可能是神潔淨我們的方法。但生命不再受沈悶、憤恨、憂鬱或孤獨等情緒所困擾，因爲我們知道發生在我們身上的一切，都是通向父神的家的一部分。

結語

「先求祂的國。」我希望這句說話對你來說有嶄新的意義。它呼喚我們順服和追隨耶穌，與祂一同進入父神要求嚴厲的愛所建立的羣體，在此活出生命的全部。天國就是神的靈不斷引導、醫治、挑戰、更新我們的地方。當我們把心力放在祂的國度上時，各種憂慮會逐漸離我們他去，因為那些叫我們寢食不安的事情不再那麼重要。要特別留意的一點是：「先求祂的國」不是贏取獎品的途徑。如果是這樣，屬靈生命就好像要贏取電視遊戲節目的超級大獎一樣。「這些東西都要加給你們了」表明神的愛和關懷是整全的，遍及我們各方面的需要。如果我們把注意力放在基督的靈上，便會更明白神如何保守我們；更了解自己肉體和心靈的眞正需要；而在奔走世上的旅程時，可經歷屬靈生命與短暫需要的緊密關係。

不過，這留下一個很難解答的問題。是否有具體的途徑，使我們由充滿憂慮的生命，走向屬靈的生命？我們應否被動等候，直至聖靈降臨，驅走我們的憂慮？有沒有方法使我們準備自己的心，迎接屬靈的生命，並且在這生命萌芽時，加速它的成長？我們充塞而不充實的生命與屬靈生命的距離相隔如斯的遠，不禁使人對生命的轉化感到渺茫。日常生活對我們的要求又是如斯眞實，如此迫切，未免使人對屬靈生命的建立，感到力有不逮。

我把充滿憂慮的生命和屬靈生命描述成爲生活的兩大極端，目的是釐淸問題，指出關鍵所在。我們大部分人旣不是經常憂慮，也不是完全活在聖靈的指引中。在我們的憂慮中，往往有聖靈參與的痕迹和片斷；在經歷聖靈在內心工作時，往往有突如其來的憂慮湧至。重要的是，我們逐漸明白自己的處境，學懂如何讓神的靈在生命生根成長。

這把我帶到最後的任務：把主要的屬靈操練描

繪出來，以致我們可脫離憂慮的轄制，讓聖靈引導我們如何擁有作爲神兒女的眞正自由。

先求

引言

屬靈生命是神給人的禮物，是聖靈給我們的恩賜，把我們帶進神愛的國度當中。不過，神聖的恩賜不是叫我們守株待兔，被動地等候它臨到我們身上。耶穌告訴我們，要先求神的國。「先求」即是把事情放在首要位置，這不僅是一種認眞的渴求，還包含很強的決心。屬靈生命的成長有賴人自己的努力。我們很難抗拒和克服那些不斷驅使我們重歸憂慮的力量。耶穌也曾歎息：「……進神的國，是何等的難哪！」(可十23)爲了提醒我們要努力進入天國，耶穌說：「若有人要跟從我，就當捨己，背起他的十字架，來跟從我。」(太十六24)

這裏涉及操練在屬靈生命中所扮演的角色。屬靈生命不可能缺少操練。操練正是門徒生活的標誌。屬靈操練使我們對神微小而溫柔的聲音有敏銳的觸覺。先知以利亞並不是在狂風、地震或烈火中與神相遇；而是在微小的聲音中遇見神（參王上十九 9～13）。透過屬靈操練，我們便可辨別那把微小的聲音，隨時作出回應。

正如前文所述，我們的生命充斥着各色各樣的憂慮，經常受林林總總外在和內在的噪音煩擾，以致神對我們說話時，不能眞正聽到祂的聲音。我們變成屬靈失聰，聽不到神的呼喚，摸不着祂的指示，我們的生活因而變得荒謬。**荒謬**的英文 "absurd" 在拉丁文是 *surdus*，即「失聰」的意思。我們要操練屬靈生命，因爲我們要學習聆聽神的聲音。神常說話，但我們經常聽不到；當我們學習傾聽時，便開始過順從的生活。**順從**的英文字 "obedient" 來自拉丁語的 *audire*，即「聆聽」的意思。屬靈操練是重要的，使我們由荒謬的生活慢慢步入順從的生活；由充滿憂慮的生活，走向重獲心靈自由，有足夠的心靈空間聆聽神的說話和遵從祂的指引。耶穌的生命就是順從的生命。祂時刻留心父神的聲音，隨時依從父神的指引。耶穌的耳朵是完全開放的，這才是眞正的祈禱。一切祈禱的核心其實就是聆聽——順從地站立在神面前。

因此屬靈生命就是要集中意志力，努力在生命中創造內在和外在的空間，來過順從的生活。屬靈操練使我們心靈的空間不再被世界完全佔據以致無法聆聽；使我們重獲禱告的自由，更貼切地說，是讓神的靈在我們裏面禱告。

現在讓我跟大家介紹兩種使我們「先求神的國」的操練，它們也可被視爲禱告的操練——獨處的操練和羣體生活的操練。

獨處

沒有獨處，根本不可能活出屬靈的生命。獨處是從撥出特定時間和空間單獨面對神開始的。我們如果相信神存在並積極參與我們的生活——醫治、教導、引導我們——自然需要騰出時間和空間，專心等候神。耶穌說：「你禱告的時候，要進你的內屋，關上門，禱告你在暗中的父。」（太六6）

在生活中撥出獨處的時間是至爲重要卻又至爲困難的操練。我們可能一方面强烈渴求有一段眞正的獨處時間，但另一方面，又不知如何面對這段時間——單獨一人，無人共語，無書爲伴，無電視在旁，無電話要應酬時，內心不免湧現一片混亂，教人心煩氣躁，困惑不安。於是不消片刻，我們便按捺不住，重回忙碌生活的懷抱去。進入內室，關上門，不等於便可摒除一切內心的疑惑、憂慮、恐懼、苦思、掙扎、憤怒和衝動。相反地，當外在世界的干擾被拒諸門外時，內心的煩憂便如泉湧至，川流不息。我們常借外在的噪音來淹沒內在的暗流，因此，我們難以獨處，一點也不奇怪；與內心種種掙扎硬碰，可以叫人焦頭爛額，痛苦難熬。

由此可見，獨處的操練重要無比。面對充塞而又充滿憂慮的生活，我們不會自然而然地想到從獨處，來解決當下的問題。我們會找到千百個理由來逃避獨處。因此，我們必須開始細心計劃獨處的時間。每天五至十分鐘可能是我們耐性的極限，又或者每日可騰出一小時、每星期一個下午、每月一日、每年一星期不等！獨處時間的多寡因人而異，根據氣質、年齡、工作、生活方式和性格成熟程度而有所不同。不過，我們如果不撥出時間單獨見神和聽祂的聲音，便是沒有嚴肅和認真地正視我們的屬靈生命。我們或許要在記事簿中白紙黑字地寫下這段獨處時間，以致無人可把它挪走。然後我們可對朋友、鄰居、學生、顧客、病人說：「對不起，那段時間沒有空，我有約會，沒法改期。」

一旦我們下定決心花時間在獨處上，我們的內心便逐漸留意到神的聲音。在開首的數天、數個星期甚至數個月，我們可能感到浪費時間、一無所得。起初，獨處時間可能只充斥着無數潛藏着的思想和感覺。一位早期的基督教作家把第一階段的獨處禱告形容爲這樣的情景：一個多年來敞開大門生活的人，突然決定要關門過日子。常來的訪客於是拍門，不明白爲何被拒諸門外。只有當他們知道自己是不受歡迎時，才會逐漸停止探訪。一些向來缺乏屬靈操練的人，如果決定學習獨處，便會有這樣的經歷。開始時，不同的滋擾不斷出現。後來，當它們愈來愈不受重視時，便會悄然隱退。

堅守操練，持之以恆，是最重要的原則。開始時，獨處跟我們的欲望背道而馳，以致我們經常想逃避它。逃避方法之一就是在獨處時發白日夢或者打瞌睡。然而，當我們緊守操練，堅信即使聽不到神的聲音，神仍是與我們同在時，便會慢慢發現我們不想錯過單獨與神同在的時間。即使在獨處中沒有多大的成功感，我們深信沒有獨處的日子是不及有的「屬靈」。

我們直覺上感應到獨處的時間是十分重要的。我們甚至期待着這段貌似無用的奇怪時間。這份對獨處的渴求往往是禱告的第一個里程碑，聖靈同在的第一個信號。當我們倒空一切憂慮時，便開始察覺我們的腦袋和心靈從未孤獨過，神的靈一直與我們同在。我們開始明白保羅對羅馬人說的話：「患難生忍耐；忍耐生老練；老練生盼望；盼望不至於羞恥。因爲所賜給我們的聖靈，將神的愛澆灌在我們心裏。」（羅五3～5）在獨處中我們開始認識神賜給我們的聖靈。因此，在獨處中所面對的痛苦和掙扎成爲我們的盼望，原因是我們的盼望不是繫於痛苦過後可能出現的轉機，而是建基在聖靈的同在，祂在受苦的過程中醫治我們。屬靈操練使我們漸漸感應神如何參與我們的生活，帶給我們嶄新的盼望，甚至使我們開始品嘗新天新地的喜樂和平安。

獨處的操練，正如前文所述，是建立祈禱生活很重要的一環。這是十分簡單——雖然不易實踐——的門徑，把我們從種種憂慮和假設的轄制中釋放出來，使我們可聽到那把使一切更新的聲音。

讓我在此具體描述一下如何實踐獨處的操練。最好有一個獨立的房間，或房中一隅——或一個大的儲物室！——作爲獨處專用的地方，好讓我們毋須多花事前準備的時間，很快便可專注在神的國度上。有人喜歡以聖像、蠟燭或簡單的植物把這個地方略爲布置。其實最重要的一點是獨處的地方必須簡單而整潔。就在這裏，我們與神見面。這時很易受誘惑去做些有助益的事情：閱讀一些刺激思考的作品、思想一些有趣的東西、經歷一些特別的事件。但獨處時不應這樣；獨處時我們只想在空手、赤條條、脆弱不堪、毫不中用的狀態下與神相會，不用以任何東西來炫耀、證明或解釋自己的能力。就在這種情景下，我們慢慢學習到聆聽神微小的聲音。那麼，如何處理那許許多多的干擾呢？是否跟它們拚鬬後，便可專心等候神的聲音？這似乎不是禱告的竅門。如果我們把所有精力與這些雜念搏鬬，便很難騰出位置給聖靈說話。直接與雜念搏鬬只有叫我們愈加重視它們。所以，我們應該把注意力放在聖經的話語上。一首詩篇、一個比喻、一個聖經故事、耶穌的說話或保羅、彼得、雅各、猶大或約翰的記載都可幫助我們把注意力集中在神身上。我們因而可擺脫種種雜念的纏繞和控制。當聖經的說話成爲我們獨處的焦點時，我們的思想便不再漫無目的地四處奔走。這些說話——姑勿論是短語、句子還是長篇——都可使我們不再流離失所，而是在暴風中得以停泊。當這段與神同在的寧靜時刻結束時，透過代禱，我們把生活中的所有人，包括朋友和敵人，帶到神面前，伏在祂醫治的大能下。這時候，不妨以耶穌的教導——主禱文——來結束這段獨處時間。

上述只是實踐獨處操練其中一個特定的形式，還可有多種不同的方式。在大自然中漫步、不斷背誦短的禱文如耶穌禱文、簡單的頌歌、某些動作或姿勢——這些或其他不同的方式都有助我們實踐獨處的操練。不過，我們要決定哪一種方式最適合我們，然後鍥而不舍、持之以恆。每天操練十分鐘總比偶爾操練一小時好；經常採用一種方式總比不斷試驗不同的方式好。簡單和恆切就是實踐的不二法門。這樣，獨處的操練逐漸成為我們生活的一部分，就如吃飯和睡覺一樣；與此同時，繁雜的憂慮慢慢在我們身上失去控制力量，聖靈更新的力量開始不斷工作。

獨處的操練要求我們把部分時間和空間撥出來，但最終卻不應停留在這樣的光景——無論往哪裏走和做任何事，我們的心靈都應是寧靜的細胞，讓神居住。我們愈多騰出時間與神獨處，就愈加發現神在何時何地也與我們同在。這樣，即使在疲於奔命的生活中，我們也可察覺神的同在。一旦時間和空間上的獨處轉化成心靈上的獨處時，我們便不會離開這種獨處的狀態。那麼，在任何時間和地點，我們都可活出屬靈的生命。因此，獨處使我們一方面倚在永活的神的膀臂下，另一方面在世界上積極生活。

羣體生活

獨處的操練不是單獨存在，而是與羣體生活的操練緊密結合的。所謂羣體生活的操練，即是在人與人之間創造一個自由的空間，共同實踐順從神的眞理。透過這樣的操練，我們與人相處時不再在恐懼和孤單中抓着對方，而是彼此豁出空間，讓神的聲音釋放我們。

把羣體生活說成一種操練可能有點怪誕，但如果羣體沒有操練，羣體生活只不過是一個「溫馨」的字眼，意指使人感到安全和像家一般溫暖而排外的地方，而不是指新生命可以萌芽和成長的空間。在眞正的羣體生活中操練是十分重要的。在各種新和舊的生活方式中，在維繫友誼、婚姻和家庭關係上，操練也是非常重要的。要創造空間，讓神在我們中間居住，必須不斷確認聖靈居於我們各人的心內。當我們在獨處時認識到那賜下生命的聖靈時，便可確定自己眞正的身分，也可察覺同樣的聖靈透過其他人對我們說話。當我們認識到賜下生命的聖靈是我們羣體生活的源頭時，我們在獨處時也更能察覺神的聲音。

在每一種羣體生活中，包括友誼、婚姻、家庭、宗教生活，相處的情形就是獨處的個體互相問候，不同的心靈互通心聲。當我們滿懷感恩地回應神的呼喚，彼此分享生命，互相喜樂地接待之時，神重生的靈就在我們中間彰顯。因此，各種的共同生活方式都從不同角度顯示了神與我們衆人同在。

要建立美好的羣體生活，當中的人所具備的特質不一定要相同或類似。教育背景、性格氣質或社會地位相近固然很容易叫我們走在一起，但這決不是羣體生活的基礎。羣體的根基是神；是神——而不是人與人之間的互相吸引——呼召我們走在一起。不少團體已經成立，目的是維護團員的利益、鞏固自己的地位，或宣傳本身的宗旨。基督徒的團體決不是這類型的組織。這些團體不但沒有打破人與人之間互相恐懼的牆，開拓空間讓神參與其中，而且還關閉自己，不容許任何外人加入。羣體的奧妙正正在於它可容納**所有**人，姑勿論個別之分歧有多大，都可共同生活，成爲基督的弟兄姊妹和天父的兒女。

我想跟大家介紹一種羣體操練的具體形式——一齊學習聆聽。處身於口沫橫飛的世界，我們通常把時間用在說話上。我們喜歡交流生活的體驗，討論有趣的事情，爭論時事的問題等。透過積極的言語交流，我們嘗試發掘對方的特色。可惜很多時我們發現說話是隔開彼此內心世界的牆，而不是通向對方心靈之門。說話讓我們保持距離，而不是互訴心聲。很多時——雖然違反我們的意願——我們發覺自己正在經常跟別人比拚。我們努力向別人證實自己是重要，是有過人之處的。羣體的操練教我們一起靜默。由操練而來的寧靜不會叫我們尷尬，反之，它讓我們一同注目在呼召我們走在一起的神上。因此，我們不是惶恐地依靠自我建構的身分而彼此認識，而是深深知道對方是活在神的愛中——無盡而獨一無二的愛。

就如獨處的操練一樣，通常是聖經的話語把我們帶進集體的寧靜去。正如保羅所說，信心是從聽道而來。我們必須彼此細聽對方的說話。不同地域、歷史、心理、宗教背景的人走在一起，傾聽不同人說同一眞理，使我們既開放，又脆弱，共同認識到眞道的膀臂下，大家都可坦然無懼。這樣，我們便可發掘這個羣體的眞正身分，可經歷神把我們召集在一起的美意。我們因而認識到那位在獨處中跟我們說話的主同樣在我們的鄰舍獨處時跟他們說話，無分語言、宗派、性格。具創造力的寧靜，就在共同聆聽神的話語時萌芽滋長。這種具創造力的寧靜充滿神的關懷和憐憫。透過聆聽神的說話，我們不再互相競逐和爭鬬，而可確認自己的身分——慈愛神的兒女、主耶穌基督的弟兄姊妹；因此，大家也成爲弟兄姊妹。

這只是衆多羣體操練方式的一個例子；一同頌讚、一同工作、一同遊玩——都是羣體操練的實踐方法。不過，無論具體的形式是怎樣，羣體生活都是超越種族、性別、國籍、性格、年齡界限的，並且讓我們發現在神面前彼此的身分。

羣體操練使我們成爲人，即是互通心聲的羣體。（「人」的英文字是 person，拉丁字是 *personare*，即「聲音流通」的意思。）這個羣體把眞理、美善和我們難以參透的那份偉大、完全、豐盛的愛互相傳揚。在眞正的羣體中我們是不同的視窗，把神在我們生活中臨在的奧祕展示和引進彼此的心靈世界。因此羣體的操練正是禱告的操練。它使我們時刻注意聖靈的同在——在我們共同生活的核心，替我們向「阿爸」父神祈求。羣體生活操練也就是一同實踐順從的操練。問題不是「神如何帶領我這個嘗試遵行祂旨意的個體」那麼簡單，更基本及重要的問題是：「神對我們這個羣體有何指引？」要解答這個問題，我們必須細心觀察神在我們羣體生活中的指引，並且共同作出積極的回應。由此可見，祈禱和行動其實是一體兩面，因爲羣體所作的一切其實都是對神的聲音的回應，是誠心順從神的表現。

最後，我們必須緊記，羣體生活就如獨處一樣，歸根究柢其實是指心靈的狀態。雖然，如果我們不集合在一起，就永不知道羣體是甚麼，但這並不表示羣體就等同於肉體上的同在。單獨一人時，我們仍可活出很好的羣體生活。在這種情形下，我們雖然跟其他人時空相隔，但仍可自由行動，誠實說話，默默受苦，因爲愛已把我們跟其他人緊密地聯繫在一起。愛的羣體不獨超越疆土國界，也突破了年代世紀。對遙遠的人的思念，對逝世已久的人的追憶，都可使我們成爲一個互相醫治、支持和指引的羣體。只要有容納神的空間，羣體便可超越一切時空的限制。

因此羣體生活的操練釋放我們，讓我們順從聖靈的引導而行，甚至去一些不大願去的地方。這正是五旬節的眞實經驗。當聖靈降臨在門徒身上時，他們就從驚惶中釋放出來，由斗室走進世界。一日他們在驚恐中聚集一處，一日還未組成眞正的羣體。但當他們領受聖靈後，便成爲一羣自由的人，即使相隔如羅馬跟耶路撒冷那般遠，也能在聖靈裏彼此契合。這正是聖靈而不是恐懼把我們聚集在一起，以致沒有時空能分隔我們。

結語

透過獨處的操練，我們找回心靈深處對神敞開的空間。透過羣體生活的操練，我們尋回在羣體相處中對神開放的空間。兩種操練如出一轍，因爲我們心靈內的空間，跟羣體中人與人之空間，其實是同一空間。

神的靈正是在我們這個神聖的空間禱告。祈禱首先是聖靈積極參與我們個人及羣體生活。透過獨處和羣體生活的操練，我們慢慢、溫和、恆切地排除一切阻擋我們聽到神聲音的障礙。神是經常而不是間或跟我們說話，不論晝夜，在工作或遊戲間，在苦與樂當中，神的靈都積極參與我們的生活。我們的任務就是撥出空間，讓聖靈眞實地臨在我們一切的言行思想。獨處和羣體的操練使心靈有自由的空間，感應神的靈的同在，作出無懼和積極的回應。如果在獨處中可聽到神的聲音，在羣體生活中同樣也可聽到；同樣地，在其他人同在時聽到神的聲音，在個人獨處時也可聽到。無論在獨處，還是在羣體生活中，我們都是被神呼召去過順從的生活——即是不斷禱告的生活——禱告之所以「不斷」，不是由於我們有很多禱詞，而是因爲感應到聖靈不斷在個人內心及羣體當中禱告。

結語

我原本要問的是：「屬靈生命究竟指的是甚麼？」和「如何把它活出來？」我已在本書指出屬靈生命是指聖靈積極參與我們充滿憂慮的生活；而透過獨處和羣體生活的操練，我們慢慢在充塞的生活中騰出自由的內在空間，讓神的靈在當中彰顯自己。

我們生活在一個充滿憂慮的世界。我們給種種煩惱和假設佔據了一切空間，與此同時，我們感到沈悶、憤恨、抑鬱、極度孤獨。神的兒子耶穌基督來到世上，賜給我們新生命，即聖靈的生命。我們渴求這樣的生命，卻又認識到它跟向來擁有的生命截然不同，以致這份渴求也顯得不切實際。那麼，我們如何在聖靈的指引下，從散亂走向統一；從百事纏繞變成專心致志；從割裂的生活步入整全的生活？這有待努力的掙扎，讓聖靈在我們身上工作，重新創造我們。不過，這掙扎是我們能力範圍內可做到的，但必須有計劃，按部就班。我們在各種勞心勞力的關注中，每天須撥出一些時間聆聽神的說話；我們要不斷嘗試用新的方式與其他人相處，不再在惶恐中依賴其他人，而是跟他們共同開放心靈空間，讓神參與。這些具體的步驟和操練，使我們漸漸把心思意念放在「神的國」上。漸漸地，我們內心的憂慮消解，開始活出不斷禱告的生活。

屬靈生命是很難萌芽的，不單是由於驅使我們爲萬事憂慮的力量非常強大，也因爲聖靈的同在若隱若現，似有似無。然而，如果我們忠於這些操練，內心便重新湧現對神的渴求，這正是神參與我們生命的第一個記號。當我們繼續注目在這神聖臨在時，便會被領進天國更深入的地方。在這裏，我們將滿心驚喜地發現：舊事已過，都變成新的了。

作　者　簡　介

盧雲(Henri J.M. Nouwen)

原籍荷蘭，著名靈修及牧養神學作家，曾於美國聖母院大學、耶魯大學及哈佛大學之神學院任教多年。一九八五年離開哈佛大學，在法國特魯斯里的「方舟團體」(L'Arche Community)生活，等候及尋索未來的「召命」。終於受「方舟團體」在加拿大多倫多市以北的「黎明之家」(Daybreak) 邀請，自一九八六年起為其牧者，服事家中的弱智人士及職員，直至一九九六年九月安息主懷止。其作品包括《羅馬城的小丑戲》、《心應心》、《始於寧謐處》、《念》、《親愛主，牽我手》、《奉耶穌的名》、《與祢同行》、《鏡外》、《新造的人》、《生命中的耶穌》、《愛中契合》、《黎明路上》、《建立生命的職事》、《負傷的治療者》、《亞當》、《活出有愛的生命》、《盧雲眼中的梅頓》、《和平路上》及《安息日誌》等。

盧 ▪ 雲 ▪ 著 ▪ 作 ▪ 一 ▪ 覽 ▪ 表

Intimacy: Essays in Pastoral Psychology (1969)
《愛中契合》香港：基道，一九九四。

Creative Ministry (1971)
《建立生命的職事》香港：基道，一九九六。

With Open Hands (1972)
《親愛主，牽我手》香港：基道，一九九一。

Thomas Merton: Contemplative Critic (1972)
《盧雲眼中的梅頓》香港：基道，一九九九。

The Wounded Healer (1972)
《負傷的治療者》香港：基道，一九九八。

Aging: The Fulfillment of Life
(With Walter Gaffney, 1974)
《生命的頂尖》香港：文藝，一九八〇。
《流金歲月》香港：文藝，二〇〇九。
《與歲月和好》台北：校園，二〇一五。

Out of Solitude (1974)
《始於寧謐處》香港：基道，一九九一。

Reaching Out (1975)
《從幻想到祈禱》香港：公教，一九八七。

Genesee Diary (1976)

The Living Reminder (1977)

Clowning in Rome (1979)
《羅馬城的小丑戲》香港：基道，一九九〇。

In Memoriam (1980)
《別了，母親》香港：基道，一九九〇。
《念：別了母親後》（重譯本）香港：基道，二〇〇〇。

The Way of the Heart (1981)

Making All Things New (1981)
《新造的人》香港：基道，一九九二。

A Cry for Mercy (1981)
《頌主慈恩》香港：公教，一九八五。

Compassion (With D. McNeil and D. Morrison, 1982)
《慈心憐憫》香港：基道，二○一七。

A Letter of Consolation (1982)
《慰父書》台北；光啟出版社。
《念母親》香港：文藝，二○一七。

Gracias! A Latin American Journal (1983)

Love in a Fearful Land (1985)

Lifesigns: Intimacy, Fecundity and Ecstasy in Christian Perspective (1986)
《愛勝過恐懼》台北：校園，二○一六。

Behold the Beauty of the Lord (1987)
《盧雲的聖像畫祈禱手記》台北：光啟，二○一六。

Letters to Marc about Jesus (1988)
《生命中的耶穌》香港：基道，一九九三。

The Road to Daybreak: A Spiritual Journey (1989)
《黎明路上》香港：基道，一九九五。

Heart Speaks to Heart (1989)
《心應心》香港：基道，一九九一。

Beyond the Mirror (1990)
《鏡外》香港：基道，一九九二。

In the Name of Jesus (1990)
《奉耶穌的名》香港：基道，一九九二。

Walk with Jesus (1990)
《與祢同行》香港：基道，一九九二。

The Return of the Prodigal Son (1992)
《浪子回頭》台北：校園，一九九七。

Life of the Beloved (1992)
《活出有愛的生命》香港：基道，一九九九。

Jesus and Mary: Finding Our Sacred Center (1993)

Our Greatest Gift: A Meditation on Dying and Caring (1994)
《最大的禮物》台北：校園，二〇一四。

Here and Now: Living in the Spirit (1994)
《念茲在茲》台北：光啟，二〇〇〇。

With Burning Hearts: A Meditation on Eucharistic Life (1994)
《熾熱的心》台北：光啟，二〇〇一。

The Path of Freedom (1995)

The Path of Power (1995)

The Path of Waiting (1995)

The Path of Peace (1995)

Can You Drink the Cup? (1996)
《你能飲這杯嗎？》台北：上智，一九九九。

The Inner Voice of Love: A Journey through Anguish to Freedom (1996)
《心靈愛語》香港：卓越，一九九七。

Bread for the Journey: A Daybook of Wisdom and Faith (1997)
《心靈麵包》台北：校園，一九九九。

Adam: God's Beloved (1997)
《亞當——神的愛子》香港：基道，一九九九。

Sabbatical Journey: The Final Year (1997)
《安息日誌——秋之旅》香港：基道，二〇〇二。
《安息日誌——冬之旅》香港：基道，二〇〇三。
《安息日誌——春夏之旅》香港：基道，二〇〇三。

The Road to Peace (1998)
《和平路上》香港：基道，二〇〇二。

Finding My Way Home (2001)
《尋找回家路》香港：基道，二〇〇四。

Turn My Mourning into Dancing (2004)
《化哀傷為舞蹈》香港：基督徒學生福音團契，二〇〇四。

Encounters with Merton: Spiritual Reflections (2004)
《遇見牟敦》台北：光啟，二〇〇七。

Peacework: Prayer, Resistance, Community (2005)
《和平篇章》香港：基道，二〇〇七。

Spiritual Direction (With Michael J. Christensen, Rebecca J. Laird, 2006)
《躺臥在青草地上》香港：宗教教育中心，二〇一六。

Spiritual Formation (With Michael J. Christensen, Rebecca J. Laird, 2010)
《一棵樹栽在溪水旁》香港：宗教教育中心，二〇一六。

Selfless Way of Christ: Downward Mobility and the Spiritual Life (2011)
《向下的移動》台北：校園，二〇一二。

Discernment: Reading the signs of Daily Life (With Michael J. Christensen, Rebecca J. Laird, 2013)
《靈心明辨》香港：基道，二〇一五。

靈修著作精選

重整靈性生命，陶冶完善人格。

敢於跟隨主

鄧瑞強 著／HK$58

與上帝同行的生命旅程
Living in the Companionship of God

簡．約翰遜（Jan Johnson）著／李小釧 譯／HK$68

凡事信靠：詩篇二十三篇
Trusting God for Everything: Psalm 23

簡．約翰遜（Jan Johnson）著／李小釧 譯／HK$68

禁食，讓身體説話
Fasting

麥克奈特（Scot McKnight）著／陳永財 譯／HK$88

感恩
Uncommon Gratitude: Alleluia for All That Is

羅雲．威廉斯（Rowan Williams）、卓滌娜（Joan Chittister）著／陳恩明 譯
HK$83

禱告操練 7 堂課——學習主禱文

羅慶才 著／HK$68

敬虔操練 13 課

羅慶才 著／HK$68

生命成長 17 課——學習聖靈果子和八福

羅慶才 著／HK$68

禱告不是偽術——返璞歸真的祈禱

Prayers Plainly Spoken

侯活士（Stanley Hauerwas）著／禤智偉 譯／ HK$68

當祂在十架上——與侯活士默想基督最後七言

Cross-Shattered Christ: Meditations on the Seven Last Words

侯活士（Stanley Hauerwas）著／紀榮智 譯／ HK$53

我一直以為，人生是這樣走的——為生命重新導航

Breaking the Idols of Your Heart: How to Navigate the Temptations of Life

艾倫德（Dan B. Allender）、朗文（Tremper Longman III）著／李小釗 譯
HK$98

尋訪古老的屬靈踐行

Finding Our Way Again: The Return of the Ancient Practices

麥拉倫（Brian D. McLaren）著／陳永財 譯／ HK$88

與潘霍華一同默想主的降生—— 41 天靈修之旅

God Is in the Manger: Reflections on Advent and Christmas

潘霍華（Dietrich Bonhoeffer）著／陳永財 譯／ HK$68

學作主的門徒——與潘霍華一同靈修 40 天

40-Day Journey with Dietrich Bonhoeffer

羅恩・克盧格（Ron Klug）著／李金好 譯／ HK$68

隱藏的整全——朝向不再分割的生命

A Hidden Wholeness: The Journey Toward an Undivided Life

帕克・帕爾默（Parker J. Palmer）著／陳永財 譯／ HK$88

弔詭的應許——在矛盾中擁抱生命

The Promise of Paradox: A Celebration of Contradictions in the Christian Life

帕克・帕爾默（Parker J. Palmer）著／陳永財 譯／ HK$78

緊扣時代 服事教會

以文字傳揚基督真道

讀者意見表

衷心多謝你購買本社書籍。本社一直致力以出版事工服事教會，幫助信徒扎根於神的話語，促進靈命增長。為使我們的出版更能滿足你的需要，請填寫下列各項資料，並寄回或傳真予本社。

所購書籍：________________

本書最吸引你的地方：
☐作者　☐適切性　☐文筆　☐設計　☐實用性
☐其他：________________

購買本書地點：
☐基道書樓　☐基督教書店　☐非基督教書店

性別：☐男　☐女　職業：________________

信仰：☐基督徒　☐非基督徒

年齡：☐16歲或以下　☐17～25歲　☐26～35歲
☐36～55歲　☐56歲或以上

學歷：☐中三或以下　☐中五　☐預科
☐大學　☐研究院

☐我欲更多了解基道出版社的事工及考慮支持，請寄給我下列資料：
☐機構簡介　☐新書資料　☐「書中行」書會資料
☐《基道文字事工通訊》

姓名：________________ 電話：________________

地址：________________

____

傳真：________________ 電子郵件：________________

其他意見：________________

____

多謝賜教！

意見表可以傳真（2687-0281）或直接郵寄以下地址：
香港沙田火炭坳背灣街26號富騰工業中心1011室
基道出版社編輯部收